AF348230

L'EMPIRE DE LA FOLIE,

OU

LA MORT ET L'APOTHÉOSE

DE

DON QUICHOTTE,

PANTOMIME BOUFFONNE,

en trois Actes et à Spectacle,

Représentée sur le Théâtre de la Cité, au mois de Prairial an 7 ;

Par J.-G.-A. CUVELIER ;

Musique arrangée par NAVOIGILLE et BANEUX, Ballets du citoyen GASTON, Décorations de MOENCH.

A PARIS, *et se vend*

A l'Imprimerie A PRIX-FIXE, rue des Coutures-Saint-Gervais, près l'égoût de la Vieille rue du Temple, n°. 446.

Les exemplaires ont été déposés à la Bibliothèque.

AN VII.

<table>
<tr><td>

PERSONNAGES.

</td><td>

ACTEURS.

</td></tr>
<tr><td>

DON QUICHOTTE,
SANCHO-PANÇA,
LE DUC,
LA DUCHESSE,
LA DULCINÉE DU TOBOZO, Servante d'auberge et Paysanne,
LA NIÈCE DE DON QUICHOTTE,
SA GOUVERNANTE,
LE CURÉ,
LE BARBIER,
LE BACHELIER,
LA FOLIE,
L'INTENDANT DU DUC,
L'HÔTE,
UN GARÇON D'AUBERGE;
SUITE DU DUC,
SUITE DE LA DUCHESSE,
SUITE DE LA FOLIE,
DEUX JEUNES PAGES DU DUC,
DEUX ÉCUYERS,
UN MULETIER,

CAVALIERS ET CHASSEURS,

CHEFS DE BRIGANDS,
BRIGANDS,
UN GÉANT,
UN NAIN,
LES GRACES,
L'AMOUR,
LE PLAISIR,

MEUNIERS,

QUATRE SATYRES,
Une STATUE en marbre, représentant un Chevalier armé de toutes pièces,

</td><td>

Franconi aîné.
Franconi cadet.
Tautin.
Julie.

Glaize.
St.-Lys.
Hainault.
St.-Martin.
Gougybus.
Vicherat.
Coulon.
Boicheresse.
Barotteau.
Buisson.
Comparses.
Danseuses.
Danseurs, Danseuses.
Deux Enfans.
Doucet et Steinbach.
Justin.

{ *Franconi* père et ses
   Eleves.
Pelletier, Buisson.
Gagnant.
Justin.
Un Eleve de Franconi
Trois Ires Danseuses.
Caroline.
Premier Danseur.
{ *Pelletier, Gagnant,*
  Doucet, Steinbach
  et Buisson.
Comparses.

Justin.

</td></tr>
</table>

La Scène se passe en Espagne, dans la Manche.

L'EMPIRE DE LA FOLIE,

PANTOMIME.

ACTE PREMIER.

Le Théâtre représente un Sallon gothique : on y voit une Bibliothèque, et dans le fond un Lit ; à l'avant-scène une Table, des Chaises, une Lampe allumée et un Jeu d'Echecs.

Au lever du rideau, Don Quichotte en robe-de-chambre et en bonnet de nuit, joue aux échecs avec le Curé ; le Barbier, placé derrière sa chaise, le conseille ; plus loin, le Bachelier Sanson joue au pied-de-bœuf avec la nièce de Don Quichotte. A l'avant-scène, Sancho s'occupe à dévorer les restes d'une volaille, tandis que de l'autre côté la vieille Gouvernante lit un livre de dévotion. (*Tableau*).

Pendant que la partie d'échecs se fait , les deux jeunes gens se témoignent un goût mutuel, et le Barbier prenant à part Sancho et le forçant de quitter son souper, le place sur une chaise et lui fait la barbe malgré sa résistance.

Le Curé a perdu ; Don Quichotte se lève et caressant avec bonté sa nièce, il salue le Bachelier.

Il est temps de se retirer : le Curé, le Barbier et le Bachelier sortent, Don Quichotte les recon-

duit avec politesse ; la vieille Gouvernante se retire aussi de l'autre côté.

Lorsque Sancho et Don Quichotte sont restés
seuls, ce dernier paroît mélancolique et soucieux ;
il se promène à grands pas , Sancho l'examine
avec inquiétude.

Don Quichotte prend un gros livre dans la
bibliothèque, et commence à en faire lecture.

A peine en a-t-il lû quelques pages , son ima-
gination s'enflamme, il court vers le lit et saisit
une hallebarde ; ensuite il ouvre une espèce de
niche dans le fond du théâtre, et on apperçoit la
Statue en marbre d'un Chevalier armé de toutes
pièces.

Don Quichotte se jette aux genoux de la Statue, Sancho rit de sa folie ; Don Quichotte court
à elle, la menace de sa hallebarde et la poursuit.
Sancho se cache sous le lit , Don Quichotte
épuisé de fatigue tombe sur le lit.

La Folie descend du ciel , elle touche le lit de
sa Marotte ; la suite de la Folie paroît de différens
côtés, une partie forme des danses autour du lit ,
l'autre partie saisit Sancho, le tire de sa cachette
et le seconde de mille manières différentes, jusqu'à
ce qu'il tombe sans connoissance sur une chaise.

La Folie remonte dans son char et disparoît,
ainsi que sa suite.

Don Quichotte se réveille , déjà il ne respire
plus que les combats : il appelle Sancho qui s'approche encore tremblant , et exprime à son
maître tout ce qu'il a vu.

Don Quichotte lui manifeste son dessein de
se faire Chevalier-errant, Sancho veut lui faire

des remontrances, mais il n'écoute rien ; un trophée d'armes sort de terre, avec cette inscription :
Au plus Brave. Don Quichotte bénit la main
qui les lui envoie, et s'arme de pied-en-cap ; la
Statue sort de sa niche, l'arme Chevalier, et
remonte à sa place, à la grande frayeur de
Sancho.

La Gouvernante, la Nièce, le Curé, le Barbier
le Bachelier arrivent : ils témoignent leur étonnement à la vue de Don Quichotte tout armé ; ils
veulent le détourner de son dessein, rien ne peut
arrêter le nouveau Chevalier ; il leur ordonne de
se retirer, ils lui obéissent en gémissant.

Don Quichotte et Sancho sortent pour chercher des aventures.

(*Le Théâtre change et représente une Campagne ; dans
le fond, d'un coté, est un Moulin à vent : de l'autre un
Moulin à eau ; une Rivière traverse la scène, une Servante
d'auberge est occupée à laver aux bords de la rivière*).

Don Quichotte et Sancho arrivent. Don Quichotte appercevant la Servante, en fait sur-le-
champ sa Dulcinée. Il tombe à ses pieds, lui demande l'honneur d'être son Chevalier ; Sancho
s'extasie à la vue des folies de son maître.

La Paysanne impatientée, renverse le soupi-
rant, et se retire dans l'intérieur du moulin à vent.

Don Quichotte exprime son amour pour sa
dame.

La terre s'ouvre, Rossinante en sort, un Nain
le tient par la bride, et le présente à Don Quichotte : le Nain s'engloutit ; joie du Chevalier,

Sancho va chercher son Grison et monte dessus.

La Dulcinée sort du moulin et revient à la rivière.

Don Quichotte forme le projet de l'enlever, à l'aide de Sancho : il la saisit et la place en croupe sur son cheval.

Les Meûniers sortent des moulins, ils viennent assaillir les deux ravisseurs. Don Quichotte et Sancho , après une vigoureuse résistance , sont jetés à bas de leurs montures ; la Dulcinée est ramenée dans le moulin.

Don Quichotte se relève tout meurtri, il jure vengeance ; il prend le moulin à vent pour un Géant qui lui a ravi sa maîtresse , et le moulin à eau pour le château fort où elle est détenue ; il se résout à en faire le siège et à conquérir sa Dulcinée par son courage.

Il attaque le moulin à vent , sa lance est brisée; il met l'épée à la main et va pour entrer dans le second moulin : les Meûniers le saisissent, il se débat ; pendant ce temps, Sancho fait trotter son âne autour du moulin à vent, une des aîles l'attrape par le pan de son habit , il est enlevé dans les airs au même instant où les Meûniers précipitent Don Quichotte dans la rivière. (*Tableau*).

FIN DU PREMIER ACTE.

ACTE SECOND.

Le Théâtre représente une Place publique dans un Village ; à droite, une Hôtellerie avec une fenêtre grillée donnant sur la scène.

Dulcinée vient à l'hôtellerie dont elle est Servante, elle porte sur sa tête une corbeille contenant son linge.

Un Muletier arrive dans l'hôtellerie, aide la Paysanne à poser sa corbeille à terre, et lui fait la cour.

L'Hôte paroît, il gronde la Servante et le Muletier.

Plusieurs Cavaliers arrivent, l'hôte les reçoit avec politesse et les fait entrer dans sa maison.

Sancho paroît triste et confus, il marche avec peine et tout en boîtant : il tient son Grison par la bride ; il apperçoit l'hôtellerie, il s'en réjouit, et veut y entrer, mais la Servante qui le reconnoît, l'en empêche ; aidée du Muletier, elle lui ferme la porte au nez.

Le jour disparoît, Sancho seul se plaint des tourmens qu'il endure, il ne sait comment passer la nuit. Après avoir ouvert son bissac dont il tire du pain et un oignon, il cherche différentes positions pour reposer ; enfin il monte sur son âne, et s'endort profondément.

Des Brigands paroissent, ils veulent forcer l'hôtellerie : ils apperçoivent Sancho, ils s'approchent en silence, et lui volent son âne, en le laissant sur le bât qu'ils soutiennent avec des fourches de bois.

Sancho continue de dormir; Don Quichotte arrive, il est stupéfait en trouvant Sancho en l'air : il le croit enchanté, il le touche de sa lame, Sancho tombe à terre.

Sancho revenu à lui, regrette amèrement son compagnon fidèle, il croit que le Muletier le lui a enlevé, il frappe à la porte de l'hôtellerie.

Au bruit qu'il fait, la Dulcinée paroît sur un balcon; Don Quichotte la reconnoît, et lui fait une déclaration d'amour, qu'elle a l'air d'écouter; la Dulcinée offre sa main à son Chevalier, celui-ci monte sur son cheval pour pouvoir atteindre la grille.

La Servante malicieuse, aidée du Muletier qu'on apperçoit derrière elle, lui passe au bras un nœud coulant, et l'attache fortement aux barreaux du balcon.

Dans cette position critique, le Chevalier pense qu'il est la victime d'un Enchanteur, et n'ose remuer.

Sancho, voyant son maître pris dans le lac, exhale sa fureur, et frappe à la porte à coups redoublés.

Les Cavaliers, l'Hôte et le Muletier sortent de l'auberge, saisissent Sancho et le font danser sur la couverture, tandis que Rossinante effrayée se sauve, et laisse Don Quichotte suspendu à la fenêtre.

(*Le Théâtre change et représente une Campagne riante*).

Les Brigands paroissent, conduisant le Grison qu'ils tirent au sort : on entend un bruit de cor-de-chasse, les Brigands écoutent et se dispersent avec mystère.

La Chasse arrive, c'est le Duc, la Duchesse et leur suite ; les Chasseurs traversent la scène en poursuivant un énorme sanglier ; la Duchesse fatiguée descend de cheval. (*Tableau d'une halte*).

Don Quichotte arrive suivi de Sancho, il apperçoit la Duchesse, lui envoie ses hommages par son Ecuyer, et lui fait demander la permission de la saluer.

La Duchesse étonnée de voir nos Aventuriers, consent à les recevoir, et bientôt le Duc et elle, convaincus de leur folie, prétendent s'en divertir, et les invitent à les accompagner à la chasse.

Le cor, dans le lointain, anonce que la piste est perdue : un autre cor répond en scène pour rappeler les Chasseurs et Chasseresses ; ils reviennent.

Tous sont à cheval et se rangent à la suite du Duc et de la Duchesse, au milieu desquels est le Chevalier-errant.

Comme Sancho est à pied, on lui offre un cheval qu'il accepte avec quelque répugnance ; à peine a-t-il le pied dans l'étrier, que le cheval commence à se cabrer, à ruer de toutes ses forces, et emporte le pauvre Ecuyer au grand galop : tous les Chasseurs sortent en riant de l'aventure.

(*Le Théâtre change et représente une Forêt immense ; à droite est l'entrée d'une Caverne : dans le fond un Cabane isolée, ayant une fenêtre basse qui donne sur la scene*).

Les Brigands traversent le Théâtre, conduisant toujours le Grison, et se cachent dans la caverne.

La Chasse arrive, le sanglier est lancé de nouveau, Sancho toujours craintif, quitte son cheval, et grimpe sur un arbre de peur d'accident.

La Chasse se disperse.

Sancho descend de l'arbre et veut reprendre son cheval, mais l'animal indocile se met à ruer, et poursuit Sancho pour le mordre : l'Écuyer effrayé, après plusieurs détours, saute par la fenêtre dans la cabane isolée, le cheval, toujours en le poursuivant, saute après lui.

Quelques Chasseurs à pied traversent la scène en désordre, la Duchesse les suit, elle est à pied, et poursuivi par le sanglier qui va la dévorer.

Le brave Chevalier paroît, il combat le sanglier, le tue, et sauve la Duchesse.

Dans cet instant le Duc, Sancho et tous les Chasseurs paroissent, on félicite Don Quichotte sur sa bravoure, et la Duchesse le remercie de lui avoir sauvé la vie.

On entend braire le Grison : étonnement général, joie de Sancho qui reconnoît son ami fidèle.

L'âne brait de nouveau, Sancho indique qu'il est dans la caverne; il veut y pénétrer avec quelques Chasseurs.

Une décharge de mousqueterie les écarte, les gens du Duc se mettent en défense, Don Quichotte est à leur tête ; les Brigands sont attaqués, et après une mêlée vive, dans laquelle le Chevalier-errant se fait distinguer par des prodiges de valeur, tous les voleurs sont mis en fuite, ou faits prisonniers; le Grison est rendu à Sancho qui l'embrasse avec tendresse.

Le Duc invite les Aventuriers à se rendre à son château; ils accèdent.

Marche générale; les Brigands sont attachés et traînés à la queue des chevaux.

FIN DU SECOND ACTE.

ACTE TROISIÈME.

Le Théâtre représente une Galerie chez le Duc; au milieu est une Table richement servie, sur laquelle on distingue un Paon.

Le Duc entre suivi de quelques Valets, auxquels il donne ses ordres.

L'Intendant annonce au Duc que des étrangers le demandent, le Duc ordonne qu'on les introduise.

Ces étrangers sont le Curé, le Barbier, le Bachelier, la Nièce et la Gouvernante de Don Quichotte.

Ils se jettent aux genoux du Duc, et lui redemandent le Chevalier, qu'ils voudroient ramener à la raison.

Le Duc les accueille favorablement, et leur promettant sa proctection, il les fait cacher dans un appartement voisin, après leur avoir communiqué un dessein qu'il a formé relativement à l'Aventurier ; ils sortent conduits par l'Intendant

Le Duc fait un signe, une marche d'harmonie se fait entendre , toute la maison du Duc paroît en grande livrée : elle précède Don Quichotte conduit par deux Demoiselles ; Sancho le suit tout étonné de cet accueil flatteur.

La Duchesse arrive, les Demoiselles à genoux ôtent les éperons, l'épée et le casque du Chevalier, ensuite elles lui apportent à laver dans un riche bassin ; alors le Duc et son épouse invitent les Aventuriers à se mettre à table.

A peine Sancho va-t-il commencer à manger, paroissent les trois Grâces qui viennent le prendre par la main, et le font danser en l'enveloppant de leurs guirlandes ; il se débarrasse de leurs mains ; il est repris et lutiné de nouveau.

Le pauvre Sancho va se rasseoir à table, et croit enfin pouvoir dîner ; un bruit effrayant de trompettes se fait entendre à l'extérieur ; tout le monde se lève, on emporte la table, Sancho se désole, un courrier paroît, il remet une lettre au Duc qui la lit avec surprise et la communique au Chevalier. A l'ordre de ce dernier, le courrier se retire.

Bientôt paroissent en file plusieurs femmes voilées conduites par un Vieillard en longue robe et avec une barbe blanche, (c'est la Nièce de Don Quichotte, déguisée en Princesse de Micomicon, le Curé en Vieillard et la Gouvernante en Vieille, suivie d'autres Duègnes du Duc).

La Princesse se jette aux pieds de Don Quichotte, et lui demande secours et assistance :

Don Quichotte fait le serment de la venger.

Alors la Princesse et ses femmes lèvent leurs voiles, et on découvre qu'elles portent toutes de longues barbes : étonnement général.

Les armes de Don Quichotte ont été placées en trophée dans un coin de la galerie : il va pour les prendre, mais elles lui échappent, et s'enlèvent dans les airs.

Surprise de Don Quichotte ; le Duc le console et lui offre son épée ; le Chevalier sort suivi de tout le monde, et ne respirant que vengeance.

(Le Théâtre change et représente les Jardins du Duc ; dans le fond, le Péristille du Chateau ; au milieu sont des estrades pour placer les Dames. Dans le centre on voit de belles armes suspendues à un poteau, avec ces mots : IL FAUT LES CONQUÉRIR *).*

Le cortège sort en ordre du château, précédé de deux hérauts d'armes et d'une musique guerrière : la Princesse est sur un char entourée de ses femmes et traînée par quatre Satyres : le Duc et ses Écuyers sont à cheval ; Don Quichotte à pied, donne la main à la Duchesse. Un palfrenier conduit par la bride un beau cheval destiné à Don Quichotte : un autre, le Grison richement caparaçonné. Sancho suit son maître.

Le cortège fait le tour du Théâtre, chacun se place : savoir, les Dames sur les estrades, les Cavaliers dans le fond.

Don Quichotte apperçoit le poteau, il lit l'inscription, met l'épée à la main et va pour enlever les armes.

Uue flamme bleuâtre s'élève autour du poteau et fait reculer l'intrépide Chevalier. Au milieu de la flamme paroît un Géant armé d'une massue ; Don Quichotte court à lui, et lui coupe la tête d'un revers ; soudain une autre tête reparoît : Don Quichotte furieux se jette sur le Géant, le saisit au corps et s'engloutit avec lui. Consternation générale. Sancho s'arrache les cheveux.

Don Quichotte armé de toute pièce, remonte vainqueur du fond des entrailles de la terre.

On le félicite sur sa bravoure.

Un bruit militaire se fait entendre, un Chevalier paroît la visière basse, il est monté sur un puissant cheval, et suivi de son Écuyer monté sur un très-petit cheval et portant un énorme nez, (c'est le Bachelier et le Barbier déguisés;) une nombreuse suite accompagnent ces Guerriers.

La Princesse de Micomicon indique à Don Quichotte que ce Chevalier est son persécuteur, Don Quichotte lui jette le gant, le Chevalier descendu de cheval le ramasse, ils se mettent tous deux aux genoux de la Duchesse qui les arme et leur permet de combattre.

Cependant l'Écuyer au long nez s'approche de Sancho qui en a grand'peur, et lui dit que c'est à eux de commencer le combat.

Sancho veut refuser, mais on l'arme malgré lui d'une épée ; on le presse de s'en servir ; il monte tout tremblant sur son Grison ; les deux Ecuyers courent l'un sur l'autre, et laissant tomber leurs épées, ils se prennent au corps et se renversent ; alors on leur présente de longs bâtons, ils s'en servent avec adresse et se battent avec acharnement.

Don Quichotte veut pousser son cheval sur son ennemi, le cheval indocile se couche et refuse de marcher; le Chevalier furieux attaque l'épée à la main son adversaire, qui a mis pied à terre : un combat terrible s'engage entr'eux.

Don Quichotte, après une longue résistance, est vaincu et renversé; le vainqueur lui place sa dague au défaut de la cuirasse.

Tout-à-coup une draperie soutenue par un Démon, sort de terre, une explosion se fait, et on lit ces mots en lettres de feu sur la draperie :

DON QUICHOTTE VAINCU DOIT RENONCER AUX ARMES,

C'EST L'ARRÊT DU DESTIN.

La draperie s'abîme avec le démon.

Don Quichotte consterné, jette loin de lui ses armes, et prend congé du Duc et de la Duchesse, en se plaignant du destin cruel qui enchaîne son bras; Sancho tout chagrin de quitter le château, le suit à pas lents.

La Nièce, la Gouvernante, le Bachelier, le Curé et le Barbier, font disparoître ce qui les déguisoit; et après avoir remercié le Duc et la Duchesse, ils sortent et suivent Don Quichotte; le Duc, la Duchesse et leur suite rentrent au château.

(*Le Théâtre change et représente une Campagne aride et couverte de rochers ; à droite jaillit une fontaine.*

La Folie arrive, elle examine ce qui l'entoure, fait une conjuration, touche la fontaine de sa Marotte, ensuite se cache derrière.

Don Quichotte et Sancho paroissent ; Don Quichotte tombe de fatigue au pied d'un rocher. Sancho, pour le soulager, va lui chercher de l'eau de la fontaine et lui en fait boire.

Don Quichotte semble d'abord ranimé, il se lève, et bientôt retombe mourant.

Le Curé, le Barbier, le Bachelier, la Nièce et la Gouvernante accourent, ils veulent secourir le Chevalier, tous leurs soins sont superflus, il expire ; Sancho tombe sur son corps.

La Folie paroît, elle étend sa Marotte, un tombeau s'élève en avant des deux corps ; elle touche le tombeau qui s'éclaire, et laisse lire ces mots en transparent :

LA FOLIE LES A RENDUS IMMORTELS.

Étonnement des spectateurs qui sont aux pieds de la Déesse.

On entend un coup de tonnerre. Une Gloire descend du ciel, toute la scène est couverte de nuages ; la Folie fait un signal, le fond de la Gloire s'ouvre, et l'on voit Don Quichotte à cheval sur Rossinante, et Sancho tenant son Grison par la bride ; la Folie entre dans la Gloire qui s'élève doucement jusqu'au milieu du théâtre et laisse appercevoir dans le fond le palais de la Folie avec ses attributs ; sur la façade, on apperçoit le portrait de MICHEL-CERVANTES.

La suite de la Folie, les Grâces, l'Amour et le Plaisir viennent à l'avant-scène et forment une danse variée vive et courte, terminée par un tableau général.

F I N.